Inhalt

Agrochemie - Stabiler Markt in festen Händen, grüne Gentechnik soll Wachstumschancen bringen

Kernthesen

Beitrag

Fallbeispiele

Zahlen und Fakten

Weiterführende Literatur

Impressum

GENIOS BranchenWissen Nr. 09/2007 vom 12.09.2007

Agrochemie - Stabiler Markt in festen Händen, grüne Gentechnik soll Wachstumschancen bringen

Autor GENIOS BranchenWissen: A.Schneider

Kernthesen

- Zur Agrochemie zählt das Geschäft mit Pflanzenschutzmitteln, Mineraldüngern und Schädlingsbekämpfern.
- Die Marktentwicklung verläuft weitgehend kontinuierlich. Weltweit haben sich nach einem Konzentrationsprozess sechs Anbieter etabliert.
- Die steigende Nachfrage nach Biokraftstoffen führt zu einer zusätzlichen

Nachfrage nach Saatgut und Pflanzenschutzmittteln für den Anbau von Energiepflanzen. Die grüne Gentechnik soll neue Wachstumschancen generieren und das klassische Geschäft mit den Pflanzenschutzmitteln absichern.

Beitrag

Der globale Markt für Agrochemie erscheint etabliert und im Großen und Ganzen unspektakulär. Nur der niederländische Billiganbieter Realchemie und Pestizidschmuggler unter spanischen Paprikabauern sorgen derzeit für leichte Unruhe im Markt.

Pflanzenschutzmittel

Landwirte, Obst- und Gemüsebauern sowie Kleingärtner setzen Pflanzenschutzmittel zum Schutz ihrer Kulturpflanzen ein. Mit Herbiziden wird den Unkräutern, mit Fungiziden den Pilzkrankheiten und mit Insektiziden den lästigen Besuchern aus dem Tierreich zu Leibe gerückt.

Stabile Umsatzentwicklung im

Pflanzenschutzmarkt

Die Pflanzenschutz-Industrie in Deutschland entwickelte sich im vergangenen Jahr 2006 stabil. Die Mitgliedsfirmen des Industrieverbands Agrar e.V. (IVA) erzielten mit den an den Handel abgegebenen Produkten einen **Nettoinlandsumsatz** von 1,112 Milliarden Euro. Dies entspricht einem Zuwachs von 1,3 Prozent gegenüber dem Vorjahr. In den letzten Jahren waren keine großen Umsatzsprünge zu beobachten. Der Tiefpunkt war 2001 mit einem Umsatz von 1,031 Milliarden Euro erreicht, der Höhepunkt im Folgejahr 2002 mit 1,133 Milliarden Euro.Die **Exporterlöse** der IVA-Mitglieder erhöhten sich im Jahr 2006 um 18 Prozent auf 2,658 Milliarden Euro. Daraus ergibt sich ein **Gesamtumsatz** von rund 3,770 Milliarden Euro, was einem Anstieg von 12,5 Prozent gegenüber dem Vorjahreswert entspricht. [Abb.1]

Europa (erweiterte EU 27) ist im Pflanzenschutz die bedeutendste Region der Welt mit einem Umsatzvolumen von rund 6,5 Milliarden Euro, was mehr als 26 Prozent des weltweiten Geschäfts entspricht. Die wichtigsten Pflanzenschutzmärkte sind Frankreich (29%), Deutschland (19%), Italien (13%), Spanien (12%) und England (10%). Der größte Pflanzenschutzmarkt der neuen EU-Beitrittsländer ist Polen.

Der Weltmarktumsatz im Pflanzenschutz (ohne Biotechnologie) wird für 2006 auf 24,6 Milliarden Euro geschätzt. Das entspricht einem Rückgang von 1,2 Prozent im Vergleich zu 2005. Betrachtet man den Weltpflanzenschutzmarkt währungsbereinigt über die vergangenen sechs Jahre, so bleibt er insgesamt auf einem stabilen Niveau. (1), [Abb.2]

Konsolidierungsprozess unter den Anbietern weitgehend abgeschlossen

Im deutschen Industrieverband Agrar sind 35 Hersteller von Pflanzenschutz- und Schädlingsbekämpfungsmitteln zusammengeschlossen (Stand: Januar 2006). Weltweit fand seit 1990 ein Konsolidierungsprozess unter den Anbietern statt. Dieser ist inzwischen weitgehend abgeschlossen. Es sind heute global nur noch sechs Unternehmen tätig: Syngenta, Bayer, Monsanto, DuPont, BASF und Dow. Sie machen über 80 Prozent des weltweiten Umsatzes mit Pflanzenschutzmitteln.

Etablierte Anbieter sichern sich

hohe Margen und drängen unerwünschte Eindringlinge aus dem Geschäft

Die Margen im Geschäft mit Pflanzenschutzmitteln sind hoch. Der Markt ist gut abgeschottet. Einzig der niederländische Anbieter Realchemie versucht seit ein paar Jahren, in die Domäne der etablierten Anbieter einzudringen. Reimporte wie im Autohandel und Generika wie im Pharmamarkt lauten seine Waffen. Zum einen kauft Realchemie die Produkte der großen Anbieter im teilweise günstigeren europäischen Ausland und reimportiert sie nach Deutschland. Zum anderen lässt Realchemie Generika von Produkten herstellen, deren Patentschutz abgelaufen ist.
Doch Syngenta, Bayer etc. machen ihm zusammen mit Politikern, Behörden und Agrarverbänden das Leben schwer. Durch Änderungen in der EU-Gesetzgebung werden dem Niederländer seine beiden Geschäftsstrategien nun zusätzlich vermiest. Reimporte dürfen nur noch in Originalverpackungen verkauft werden. Damit kann nachvollzogen werden, von welchem Großhändler sie stammen. Ein Umverpacken ist unzulässig. Und Generika von Pflanzenschutzmitteln müssen seit ein paar Monaten ein aufwendiges Genehmigungsverfahren durchlaufen. Seither sind bei Realchemie etwa 20

Prozent des Umsatzes von 14 Millionen Euro weggebrochen. (2)

Trend zu Energiepflanzen, Hoffnungsträger Grüne Gentechnik

Die steigende Nachfrage nach Biokraftstoffen führt zu einer zusätzlichen Nachfrage nach Saatgut und Pflanzenschutzmitteln für den Anbau von Energiepflanzen. In Deutschland nahm beispielsweise 2006 die Herbstaussaatfläche bei Raps um sechs Prozent zu. In den USA ist durch die erhöhte Nachfrage nach Bioethanol die Anbaufläche für Mais in der laufenden Saison um rund 17 Prozent gegenüber 2006 ausgeweitet worden. In den USA ist die Beimischung von Bioethanol zum Benzin seit 2006 gesetzlich vorgeschrieben.
Der Agrarchemiekonzern Bayer CropScience sieht hier bis zum Jahr 2015 ein Marktvolumen von mehr als vier Milliarden Euro. Das Unternehmen möchte dabei einen Marktanteil von 10 bis 15 Prozent erreichen. (3)
Ein weiterer Hoffnungsträger für die Zukunft der Branche ist der Einsatz der grünen Gentechnik in der Landwirtschaft in Verbindung mit dem chemischen

Pflanzenschutz. Mit der grünen Gentechnik soll das Geschäft mit den Pflanzenschutzmitteln abgesichert werden. Es ist derzeit Trend in der Branche, auf diesem Gebiet die Ressourcen und Technik zu bündeln. Dies zeigen die Forschungskooperationen von Syngenta und Dupont sowie BASF und Monsanto.

Strenge Zulassungsprozeduren schützen nicht immer vor Skandalen

Die Sicherheit des chemischen Pflanzenschutzes ist oft umstritten. Verbraucher zweifeln zunehmend an dem, was sie da im Supermarkt aus dem Ausland so wunderschön liegen sehen und setzen auf Bioware aus heimischen Landen.
Die großen Hersteller geben jährlich acht bis zwölf Prozent ihres Umsatzes für Forschung und Entwicklung aus. Ein neues Produkt auf den Markt zu bringen, ist aufwendig und teuer. 200 Millionen Euro müssen durchschnittlich aufgebracht werden. Die Behörden sind streng. Alle Pflanzenschutzmittel benötigen eine amtliche Zulassung, bevor sie auf den Markt gebracht werden können. Um potentielle Risiken zu minimieren, sind die Anforderungen für die Zulassung ständig gestiegen. Die Zahl der

Zulassungen ist rückläufig. 2006 waren in Deutschland 678 Pflanzenschutzmittel und 262 Wirkstoffe zugelassen. Zum Vergleich: 1986 waren es noch 1 706 Pflanzenschutzmittel und 308 Wirkstoffe. Die Zulassung eines Pflanzenschutzmittels ist auf maximal zehn Jahre begrenzt. Für die Zulassung von Pflanzenschutzmitteln in Deutschland ist das Bundesamt für Verbraucherschutz und Lebensmittelsicherheit (BVL) zuständig. Es entscheidet auf Basis von Berichten und Stellungnahmen der Bewertungsbehörden. Diese sind: das Umweltbundesamt (UBA), die Biologische Bundesanstalt für Land- und Forstwirtschaft (BBA) und das Bundesinstitut für Risikobewertung (BfR). (4)

Und dennoch gelingt es immer wieder, die Vorschriften und Prüfverfahren zu unterwandern. So wurde jüngst Pestizidschmuggel bei spanischen Paprikabauern aufgedeckt. In ihren Produkten wurde ein chemischer Verwandter von Isofenphos-Ethyl, einem Pestizid, das vor Jahren in der EU verboten wurde, nachgewiesen. Das Nervengift Isofenphos-Methyl wirkt ähnlich wie E 605. Es führt in höherer Dosierung zu Muskelkrämpfen, zu Zittern, sogar zum Tod. Ähnlich wie beim Radsport-Doping gilt also auch hier: Wo ein Wille, da ein Weg. (5)

Düngemittel

Zu den Mineraldüngern zur Pflanzenernährung zählen Stickstoff (N), Phosphat (P2O2), Kali (K2O) und Kalk (CaO).

Im Industrieverband Agrar sind 13 Hersteller von Mineraldüngern zusammengeschlossen. Die deutsche Düngemittelindustrie zählt zu den Bedeutendsten der Welt.
Der Inlandsumsatz mit Düngemitteln durch die IVA-Mitgliedsunternehmen lag im Jahr 2006 mit 935 Millionen Euro (ohne Kalke) um sieben Prozent über dem Vorjahr. Die Exporterlöse erreichten 1,134 Milliarden Euro. Unter Berücksichtigung des Umsatzes aus Importen stieg der Gesamtumsatz 2006 auf 2,069 Milliarden Euro (2005: 1,994 Mrd.). Der leichte Zuwachs gegenüber dem Vorjahr ist vor allem auf höhere Preise zurückzuführen. (6)

In Europa (EU 25) ging der Düngemittelabsatz im vergangenen Jahr bei allen Hauptnährstoffen zurück. Während der Düngemittelverbrauch in den neuen EU-Ländern stabil war, ging er in den westlichen Mitgliedsstaaten (EU 15) um durchschnittlich 7,2% zurück.

Die Welt insgesamt hingegen düngt tendenziell

immer mehr. Hier hat sich der Düngemittelabsatz bei Stickstoff, Phosphat und Kali in den letzten zehn Jahren deutlich erhöht (Stickstoff +9,5%, Phosphat +17,9%, Kali +27,5%). Dennoch ging im Wirtschaftsjahr 2005/2006 der Düngemittelabsatz mit insgesamt 154,08 Millionen Tonnen Nährstoffen (N, P2O5, K2O) gegenüber einem sehr starken Vorjahr leicht zurück (-0,4%). Regionen mit deutlichem Rückgang des Düngemittelabsatzes waren Südamerika (-12%), Afrika (-10%), Nordamerika (-5,7%) und Westeuropa (-4,6%). Eine starke Zunahme des Düngemittelverbrauchs verzeichneten Süd- und Ostasien (+8,9% bzw. +3,2%). Auch in Zentralasien (+1,7%) und Zentraleuropa (+1,6%) war die Absatzentwicklung positiv. (7)

Schädlingsbekämpfung

Mit sogenannten Bioziden werden Bakterien, Schimmelpilze, Algen und Viren bekämpft. Als Desinfektionsmittel schützen sie vor gefährlichen Krankheiten, sie sorgen für die Haltbarkeit wasserbasierter Farben, man verwendet sie als Haushaltsreiniger, und sie schützen Lebensmittel vor Schädlingen. Die Mitgliedsfirmen des IVA sind hauptsächlich mit Schädlingsbekämpfungsmitteln am Markt vertreten. Die Produktpalette umfasst zahlreiche Verbraucherprodukte, unter anderem Rattenköder, Schabengel, Insektenspray, Mottenpapier oder Ameisenmittel. Manche Produkte, wie beispielsweise Begasungsmittel, sind nur für professionelle Schädlingsbekämpfer bestimmt. Einige Wirkstoffe gegen Insekten oder Pilze finden darüber hinaus im Holzschutz Anwendung. (8)

Fazit

Die etablierten sechs Anbieter im chemischen Pflanzenschutz Syngenta, Bayer, Monsanto, DuPont, BASF und Dow genießen den Komfort eines weitgehend abgeschotteten Marktsegments und rangeln höchstens untereinander um das eine oder andere Prozent an Marktanteil. Wachstumschancen in der grünen Gentechnik werden durch F&E-Kooperationen gemeinsam erschlossen.

Fallbeispiele

Bayer CropScience

, die Pflanzenschutztochter des Leverkusener Chemie- und Pharmakonzerns, rechnet im klassischen Pflanzenschutzgeschäft mit einem stabilen Umsatzniveau von etwa fünf Milliarden Euro (1. Halbjahr 2007: 3,3 Mrd. Euro). Größere Wachstumschancen sieht Bayer vor allem für Saatgut und Pflanzen mit gentechnisch veränderten Eigenschaften. Der Umsatz mit Saatgut und Biotechnologie soll in den nächsten zehn Jahren von 342 Millionen Euro 2006 auf rund eine Milliarde Euro ausgebaut werden. (3)

Syngenta

, entstanden aus dem Zusammenschluss der Agrochemiesparten von Novartis und AstraZeneca, ist Weltmarktführer im Pflanzenschutz und einer der großen Saatguthersteller (12% Marktanteil). Der Schweizer Hersteller verbuchte mit 872 Millionen Dollar zuletzt einen Rekordgewinn. Momentan werden die jüngsten Neuerwerbungen in den Konzern integriert: der israelische Gemüsesaatgut-Anbieter Zeraim Gedera und der deutsche Blumenzüchter Fischer. Probleme hat Syngenta jetzt mit dem

Unkrautvernichter Paraquat. Das europäische Gericht entschied, dass es nicht länger in der EU verkauft werden darf, da es bei unsachgemäßer Anwendung Menschen gefährlich werden könnte. (9)

Monsanto

, US-Agrochemiekonzern, ist der weltweit größte Saatguthersteller und führend bei gentechnisch veränderten Agrarpflanzen wie Mais und Baumwolle. Er verkauft beispielsweise gentechnisch verändertes Maissaatgut und das Pflanzenschutzmittel Roundup. Monsanto profitiert ganz besonders von dem Boom des Maisanbaus für die Bioethanolproduktion. In den ersten neun Monaten 2006/07 stieg der Umsatz gegenüber dem Vergleichszeitraum um 18 Prozent auf 7 Milliarden Dollar. Der Neunmonatsgewinn legte um 44 Prozent auf 1,2 Milliarden Dollar zu. (10)

BASF

und Monsanto wollen in den nächsten zehn Jahren gemeinsam 1,2 Milliarden Euro in die grüne Gentechnik investieren. Neue Mais-, Soja-, Baumwoll- und Rapssorten sollen gezüchtet werden. Sie sollen höhere Erträge bringen und besonders stress-tolerant sein. (11)

Zahlen & Fakten

Der Pflanzenschutzmarkt in Deutschland 2006

Deutschland*	2006 in Mrd. Euro	Veränderung gg. Vorjahr in Prozent
Nettoinlandsumsatz	1,112	+1,3
Exportwert	2,658	+18
Gesamtumsatz	3,770	+12,5
	in Tonnen	in Prozent
abgesetzte Wirkstoffmenge	29580	+3,8
-Herbizide	15752	+9,7
-Fungizide	9501	+0,3
-Insektizide	845	+7,1
-Sonstige	3482	-10,6
produzierte Wirkstoffmenge	91910	-2,2
-Herbizide	21498	-9,6
-Fungizide	39795	-17,3
-Insektizide	19732	+158,8
-Sonstige	10885	-24,6

*IVA-Mitgliedsfirmen

Quelle: Industrieverband Agrar (IVA)

Entnommen aus: www.iva.de

Der Weltpflanzenschutzmarkt 2006

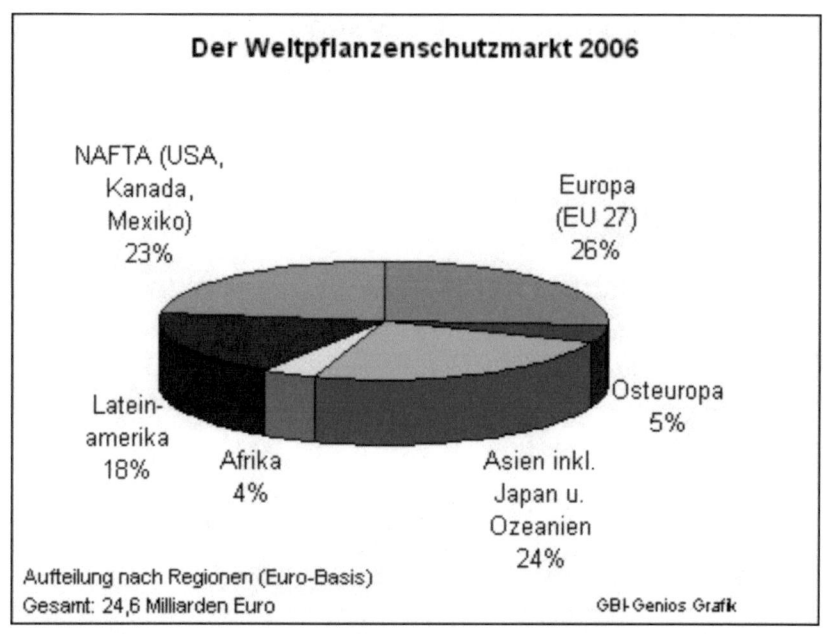

Quelle: Industrieverband Agrar (IVA)

Entnommen aus: www.iva.de

Weiterführende Literatur

(1) Industrieverband Agrar (IVA), Pflanzenschutzmittel: Produktion und Markt, www.iva.de
aus Manager Magazin, 20.07.2007, Nr. 8, Seite 56

(2) Vergiftetes Klima

aus Manager Magazin, 25.05.2007, Nr. 6, Seite 30

(3) Experimente mit Energiepflanzen
aus Süddeutsche Zeitung, 07.09.2007, Ausgabe Deutschland, Bayern, München, S. 26

(4) Industrieverband Agrar (IVA), Rechtlicher Rahmen. Zulassung von Pflanzenschutzmitteln, www.iva.de
aus Süddeutsche Zeitung, 07.09.2007, Ausgabe Deutschland, Bayern, München, S. 26

(5) Das große Spritzen
aus DIE ZEIT Nr.11

(6) Industrieverband Agrar (IVA), Die Düngemittel-Industrie in Deutschland, www.iva.de
aus DIE ZEIT Nr.11

(7) Industrieverband Agrar (IVA), Düngemittel: Produktion und Markt, www.iva.de
aus DIE ZEIT Nr.11

(8) Industrieverband Agrar (IVA), Schädlingsbekämpfung, www.iva.de
aus DIE ZEIT Nr.11

(9) Heikle Ware
aus Handelsblatt Nr. 133 vom 13.07.07 Seite 12

(10) Monsanto profitiert von Ethanol-Boom in den USA US-Agrokonzern steigert Quartalsgewinn um 71 Prozent

aus Financial Times Deutschland vom 29.06.2007, Seite 8

(11) BASF und Monsanto bündeln Pflanzen-Biotech-Forschung
aus HANDELSBLATT online 22.03.2007 06:00:00

Impressum

Agrochemie - Stabiler Markt in festen Händen, grüne Gentechnik soll Wachstumschancen bringen

Bibliografische Information der deutschen Nationalbibliothek

Die Deutsche Nationalbibliothek verzeichnet diese Publikation in der deutschen Nationalbibliografie; detaillierte bibliografische Daten sind im Internet über http://dnb.d-nb.de abrufbar.

ISBN: 978-3-7379-2235-7

© 2015 GBI-Genios Deutsche Wirtschaftsdatenbank GmbH, Freischützstraße 96, 81927 München, www.genios.de

Alle Rechte vorbehalten. Dieses Werk ist einschließlich aller seiner Teile – z.B. Texte, Tabellen und Grafiken - urheberrechtlich geschützt. Jede Verwertung außerhalb der Grenzen des Urheberrechtsgesetzes bedarf der vorherigen Zustimmung des Verlags. Dies gilt insbesondere auch für auszugsweise Nachdrucke, fotomechanische

Vervielfältigungen (Fotokopie/Mikroskopie), Übersetzungen, Auswertungen durch Datenbanken oder ähnliche Einrichtungen und die Einspeicherung und Verarbeitung in elektronischen Systemen.